ANXIETY
Paolo Russo

I edition: September **2019**
© Paolo Russo
ISBN 978-0-244-82119-7
Translation by Sara Cinque

Paolo Russo

ANXIETY

"know yourself in order to heal"

Treaty of ethical analysis: metaphor and symptoms

Psylibri Edition

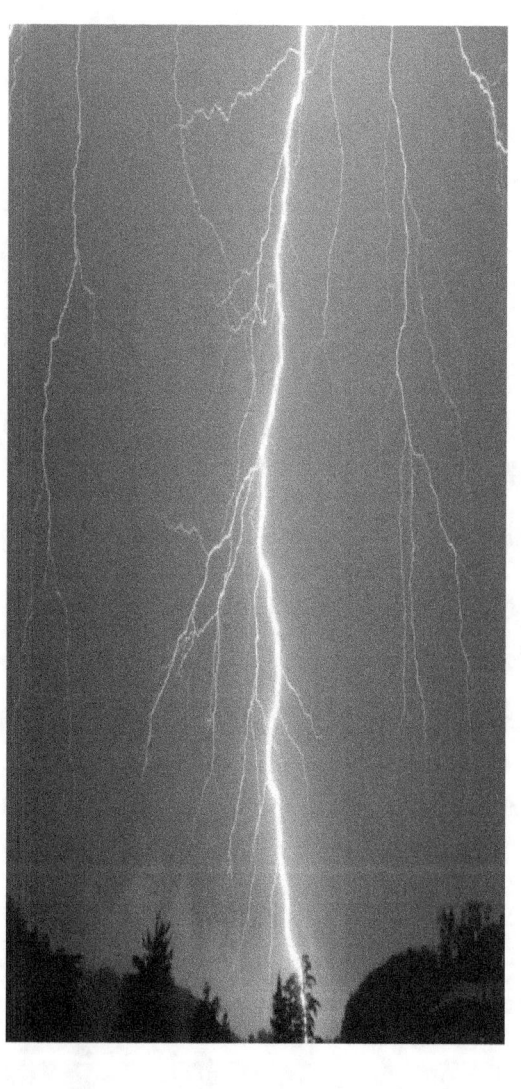

Anxiety

A fiery hug
of burning thoughts,
cries that anticipate the breath,
jarring echos along sick paths
that contaminate hopes with death.
When the stars at night, are heavy steps
on a barren land, of a dark tomorrow,
and cruel images, on golden screens,
patience becomes powerless
giving way to this live death.
Arms get open and desolate
an icy chill spreads inside the whole body
and it cripples the soul and reduces dreams
to silence...

Until the cold stops
and you begin to breath again.

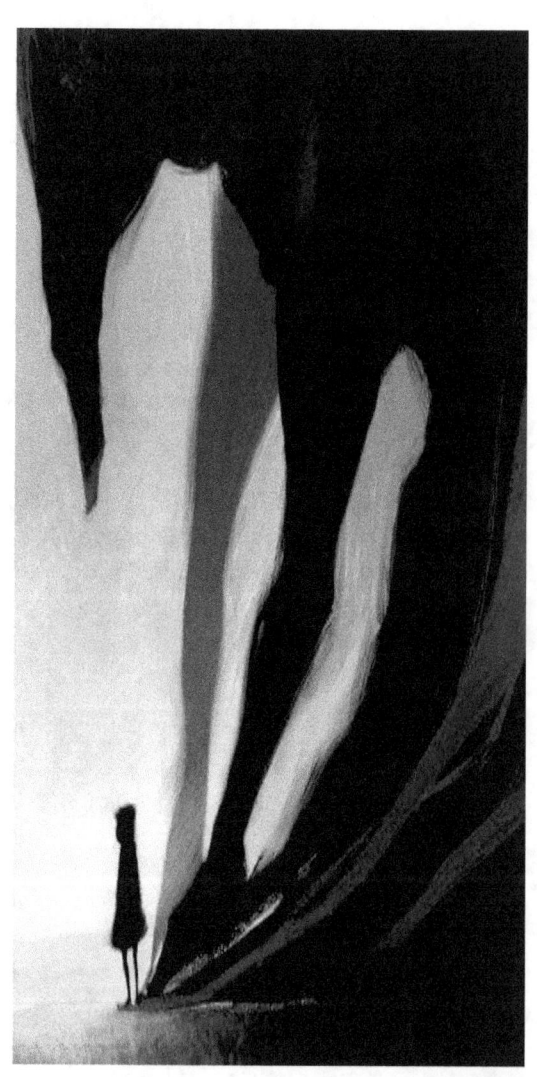

PRESENTATION

When, in your everyday life, you will find a heavy burden that doesn't make any sense, that is annoying, like a spider on your hair that you can't get off and when, after experimenting your impotence to know it, you will decide to accept it in your life... When you will get to the point of asking yourself why you, of all people, experienced this fear that disarms you, that makes you nonsensical, that makes you mean, different, weird, that's when you will deal with the difficulty of living with the urge to resist, with the urge to be different... that's when you will develop new spaces in your mind for your monsters... without even wanting to, you have begun to stitch them on yourself and only when you gave in to them you understood that the bad thoughts were cries coming from parts of you that you were suffocating and that are now at your disposal for your journey in the discovery of life's things.

This book is dedicated especially to you, you who can understand that faults are hidden wounds, fed by a feeling of visceral restlessness, they are thorns on wounded skin and on wounds that never healed. When you got mad and you wanted to break everything you were simply speaking your monster's language, you wanted to be understood, recognized, you wanted to be loved, now, as then, when you were fragile and someone stepped on your needs.

Dedicated to you, who understood that life is an amazing gift and who turned your struggle to live into a disease, for a long time, for too long... and you who built tempered walls on your wreckage, walls that sometimes were insurmountable until you understood that raising them is pointless when you are being yourself.

And darned the time that you loved someone because it is the intimacy that recreates those fears that you locked in the most hidden room of your subconscious. You, who still to this day fear the wounds, this book is dedicated to you, to you because you can understand and you can make a whole new world out of your internal journey. Painting walls of fragility with new colours, even the walls of those people who quelled their souls because they couldn't tolerate those wails, those unbearable cries.

When you write, draw, dance, play music, compose or when you give everything you've got to turn your cry into a virtue, your scars into wisdom, your presence into a safe space to allow others to smile sincerely.

You know I can't explain anxiety to you, because anxiety is a place that has to be explored. I can tell you about the anxieties that I met and about the statues of fragility on devastated squares, squares of fake self love where gods were erected. Those squares were the places of sorrow and anytime the believers gathered to worship these sculptures these ones underwent a transformation, sometimes they were becoming giant, erudite, beautiful and sometimes they were becoming nice, competent and smart, gods doomed to complacency...

Anxiety is an open entrance that leads to that world that is described by poets, that leads to what psychoanalysts call subconscious. It's a terrible place where sorrows become stabs on your heart, high falls, cracked skin, to use a poetic lexicon, yet it is a place that doesn't know death, it's death while you are still alive. It's the feeling that most resembles what common people refers to with the term "wandering soul". Those immortal wandering figures invisible to most...

Anxiety is a feeling of extreme pain, pain of representation, we are killers, mean people, we are victims of diseases but we ourselves are killed, wounded, ill, obviously with presumption, and we feel that pain that lives inside of us. It's an act of a dramatic poetry where we become actors and fabulous performers. We are the mind that doesn't know death because anxiety's distress is a distress that goes beyond death: physically we die when our body can't take it anymore, psychologically we experience going beyond endurance…

Enjoy the read

Paolo Russo
(www.drpaolorusso.it)

INTRODUCTION

The Matrix (from "I Fiumi di Jane" *-Jane's Rivers-* February 2000)

"The matrix constitutes the central core of our life. We have to look at it as a shell constantly changing according to the "debris" that are brought to the matrix itself from the rivers that constitute our life. Destiny is to be considered as a "law" that doesn't strictly fit into the typical meaning of this word, but that represents a circumstance already outlined before having it lived, even if only in the more general aspect. In fact, the situations that can occur in order to determine the upheaval of a phase of our life that is, more or less, "bad" are numerous.

The "bad phase" is determined by "agents" that negatively affect the formation or, better, the determination of a goal that has to be achieved.

This phase occurs in people who didn't have certain debris absorbed in the optimal way or even when the rivers from which to draw experience weren't explored.

The "good phase" is constituted by those circumstances in which a certain goal can be reached through help so thanks to the influence of an external agent; this phase entails an immense joy and a formation of debris that at the end of a river's path will make, inside our matrix, a connection with the external agent that contributed to our joy.

The rivers determine situations that often change the way we interpret reality: the more we get away from our matrix, the more we see things differently, because we live the debris without having them be concomitant with the others that we already absorbed in our matrix.

It's never appropriate to live fully detached from our own matrix but, on the contrary, it's always appropriate to be guided to achieve the matrix by an agent who can be a friend, a person we trust…

The matrix, that represents the central

part of ourselves, is never to be neglected, and to do that it's appropriate to compare the life we are living now with a situation of joy. Only by doing this, it's possible to know if we are now living a river that is far from our matrix and therefore to act accordingly. When the rivers are detached from the matrix in a crucial way, it's better not to face important situations because there would be the risk of dealing with them in the wrong way.

This would lead to an even more clear detachment from what is our matrix, and if similar moments become habitual you can risk to live rivers that are significantly distant from the matrix and, therefore, you can risk to see reality different from what it is.

Reality is one and it's the same for everyone, it's the debris that make us perceive reality in a different way, but if this reality is seen from rivers that are incredibly far from the matrix, this leads to a state of a so-called *madness*: a vision of reality through one non-absorbed debris only, which becomes a sort of replacement matrix. There are a lot of alarm bells that can induce external agents, as if attracting them, to bring help…". This is how in the 2000 I was trying to create a subconscious' architecture using the ultimate metaphor of life: the sea's flow.

The sea where everything goes, through rivers that cross mountains, hills and plains. Nature's morphology that transfers into us.

We are nature's reflection; nature, that can sometimes be abandoned and offended, and can sometimes be cured and loved. The agent is 'the other' who we reach out to but who responds to us only if he knows that our nature is as nature as its nature is.

The meaning of existence is the convergence of experiences that give us humanity's reason, they are tools that we acquire through the consciousness of the fact that seasons are not eternal and that darkness and light alternate, like hot and cold, rain and drought and this is written in every river that flows inside of us.

Emotions are the result of an internal pattern, a sort of architecture of the subconscious' fantasy where the elements are real and are the expressions of how we feel things. Poetry has the gift of making us understand how the image becomes emotion, poetry just like art in general, is simply a subconscious' representation or act.

The lack of experience is vulnerability, which often leads us to block the flow and to confuse 'the everything' with 'the particular'. This way we could perceive a cold season as life in general and the incapacity to resist takes the shape of an actual psychological disorder.

Reconnecting to nature's vitality is the path to take to get out of anxiety, starting to flow again beyond the obstacles having faith that once the cold ends this experience too will be an additional tool to fully live reality and to recognize in 'the other' a nature to respect and to protect as much as ours.

ANXIETY AND ITS SYMPTOMS

Anxiety is one of the responses that our body or our mind apply in certain situations. It's the fact of experimenting our vulnerability that often lets us understand the impossibility of handling symptoms that until that moment were lacking attention. There is a mechanism that I will call the *"mechanism of obsession"* which consists of fixing a thought without it being a fluidity of images. A sort of photography of a live image's part to which an excessive emotion is followed. It's as if in some way a themed mechanism actuates, a sort of genre, and it's being broadcasted on a loop.

There are two specific indexes that, if contained, can protect us from anguish: the first one is the *"index of vulnerability"* which is the ability to resize reality without being caught up in it or at least the more you are caught up with it the higher the vulnerability is. The second one is the *"index of obsession"* which is for how long and how often the obsessive images described above wind. If the index of vulnerability is low the images don't have any effect, we could say that repetitions are actually frequent in everyday life, if the index of vulnerability is high some sort of oppression takes over which is not fear but a feeling of helplessness and of extreme limit, the so-called angst. It's clear that a high index of obsession is a sign of discomfort that doesn't however necessarily trigger an anxiety crisis. If we experience vulnerability while deeply stressed, obsessions become a mental attempt to find answers to specific fears.

Obsessions' nature is determined by a content that always has to do with the impossibility of handling something and therefore with the fear of going insane, of dying, of being wrong, ect, ect, a sort of screening of images with dramatic content which are an exasperation of emotions symbolically represented by behaviours we suppose we can have.

A sort of dream that represents the powerlessness in front of emotions, is a dramatic representation and a representation by images of what made us experience our vulnerability.

If, for example, someone exceeds their physical strength or suffers a trauma this person experiences something that can't be controlled, this something will be replicated through obsessions' symbolic content until the index of vulnerability will not be restored. When this is acute, relax, meditation, psychotherapy could be insufficient just like it would be wrong to take medications at the first signs of vulnerability. Knowing we are strangers to that something which scares us during a panic attack is a conquest that we make after a while and that goes through a higher and higher self-awareness. Learning to reallocate obsessive thoughts in the dream's or emotion's sphere is a job that on one hand has the consequence of helping us protect ourselves from excessive fatigues and on the other hand of teaching us the ability to learn to make change more fluid. Because we are being unfair to ourselves if we are convinced that we are the image we have of ourselves. We are also what is not thought about and what is not possible to think about. We are a stream with an unknown destination, we can affect the flow but we must not interrupt it. Obsession has the characteristic of convincing us we are that thought but the thought is only a minimal part of our lives. Anxiety is just the clear proof that we are what we don't think we can be.

To make this awareness ours is to heal from vulnerability, because intimately obsession becomes an emotion and this is one of the many thrills of the adventure that is life.

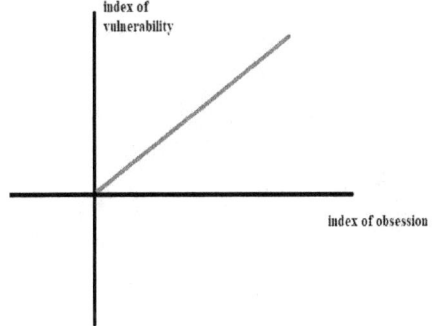

Indexes of anxiety

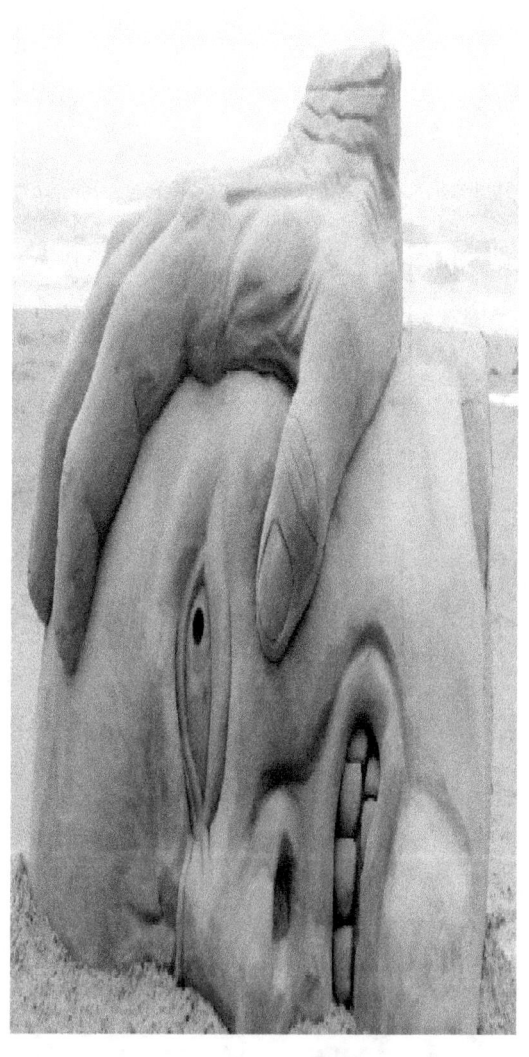

ANGER AS A DEFENSE FROM VULNERABILITY

Losing self-esteem and being fragile can put us in the condition of defending us from others. 'The other' becomes someone who wears us out or who uses us or who makes fun of us. Actually, is vulnerability's condition itself that leads us to defend ourselves, often improperly. With a high level of vulnerability, suggestion and perception increase. It's exactly because of this maximum alert's condition that we activate, that we often end up feeding anxiety's system.

Let's think for example about someone who's afraid of being insane: this person will be surprised at any sound or could get angry just for one glance too many as if the other could see the discomfort in him.

Vulnerability and obsession take place starting from something that is new to us. If there is something new we become more vulnerable until, through obsessing, we find the answers that we need. The anxious crisis is a void to be filled, an answer to be found that could also be a part of ourselves to take out of repression or out of devaluation. In other words anxiety is experimenting our vulnerability in front of life, a sort of deja vu of the really first moments of our existence.

THE PART FOR THE WHOLE

This balance between obsessions and vulnerability can lead to believe that obsession's meaning talks about something that is defined, in reality the symbolic meaning is prior to the trauma: what we were repressing had a reason to be repressed, for example our inability to confront or to show our true selves fearing judgement.

These emotions that arrive are often accompanied by memories of events where we suffered, what our mind selects is our pain, shrinking the picture and the most authentic reasons.

We can often come to the point where we feel hatred for a person because our mind shows us all of the times where she made us feel uncomfortable, when actually the same person has also loved us and we loved her too.

One of the things we learn the most through the journey of awareness of anxiety is that we were the one to decide back then to wear the mask and that the others played a role out of attribution.

Anxiety teaches to destroy the mask here and now, and we can remain ourselves and face who makes us feel uncomfortable even at the cost of not dedicating our time and our love to them. In the context we are a crucial piece: if we change, the whole picture changes, and anxiety hides this knowledge from us.

THE SUBCONSCIOUS IS MEMORY

Physical outer reality is recorded with a specific moment's perception. That perception belongs to an internal configuration starting from education which creates fears and concerns recorded as painful experiential paths. What we see and hurts us emotionally is a path that generates pain that can come back anytime we retrace the same path inside of us.

island

archipelago

matrix

rivers

The river (see '*I fiumi di Jane*') as a stream of consciousness that holds experience inside itself can dip into experiences that are distant from the matrix and can arrive to configure a common memory of experiences or islands, constituting a memory of the particular where the things we remember reappear in the mind through its process of washing the archipelago of our existence. They are moments of dread, experiences of oppression, a sense of liberation, sometimes anger, fear or immobilisation. What is clinically called anxiety is often characterised by a feeling of helplessness that is nostalgia of the matrix. A sort of stagnant force that tricks us presenting itself as matrix. Is the particular that scares us in the ghost of what is general.

IMPULSE AND ACTION

The river is a metaphor in an internal path inside the memories which translates into a behavioral manifestation. Just like our mind explores paths of memory, so we explore reality. The images that we see are the same images that are met by the mind, just like the emotions we feel respond to the same logic to which thoughts that utilise memory data respond. There is 'determination' which is responding to a focus on certain goals, there is 'obsession' which is focusing on specific thoughts' scenes, real representations on which we imagine dramatic consequences that we suppose can happen.

Thoughts observe reality's data that are also foreign to us, scenes, images, that we encountered in our everyday life. Thoughts' logics are behaviour's logics. Except, thinking is not doing, if anything it is watching. Obviously if a child sees dramatic scenes he can be shocked, just like an adult with a high level of vulnerability will be a distressed and anxious adult.

Derealization is the supposed predominance of the mind: it makes you live the impulse to do as if doing would be liberating from the thought itself, is the obsessive mechanism that, when translated to an immoral term, becomes scary. Would the impulse be that of eating it would be different!

The imperative mechanism of anxiety is actually a mechanism lacking in frustration. There is a lack of containment because the child who desires often also desires what hurts him as well, and if he's not freed from the slavery of thinking/doing he will never grasp its deepest meaning. Frustration is what creates the line between being the whole or being a part of the whole. We love in so far as we perceive the other, if the other is ourselves we fall back into the mechanism of the undefined. So if we don't create inside of us the ability to contain, frustrate, we will be scared in front of representation's bullying exactly because we will not be able to downsize it to its nature of image. Like I wrote earlier, to think is to watch, just like when you watch while you are walking.

THE DEVELOPMENT OF THE SYMPTOM

Recovery from anxiety often happens through shifting and through conviction. There is a state of vulnerability that has to be quelled by building a structure that is able to sustain experiences that are otherwise too invasive, this evolutionary step needs a transformation that goes through reliving phases of deep anxiety. The solution not to cope with anxiety and therefore the process of change, is to structure the signification of anxiety's symptoms around some syndrome. A crosscheck that gives shape to the anxious picture eases the weight of experiences of vulnerability, and the more the shape translates into a syndrome or disease, the lighter the symptoms become. So that asthma could be the cure from anxiety, as well as a presumed hernia, a rheumatic pain, a gastritis and a "weak" bowel. These "diseases" structure the perception of discomfort in a much more acceptable way and, for example, you become worried because you have asthma instead of angst, in fact angst starts to fade and becomes worry about what asthma doesn't allow to do or about the appointments with the allergist and about the treatments to cure asthma, which you will often have for your entire life... Focusing on an impulse take on similar dynamics as well, for example you become phobic in order not to feel a much deeper discomfort. The content of our thoughts recalls well-defined themes, which keep us in a state of vulnerability but that in reality are just reviving a situation in which we were too small and helpless in front of situations that were not emotionally manageable. An exercise we can do with a high level of vulnerability is to feed thoughts to our minds: in fragility's dynamic, suggestibility leads us to dwell on any subject.

THE EXASPERATED SYMPTOM

An eye-opening characteristic of people who become aware of anxiety is that they trace back the cause of their discomfort to exasperations due to the inability to handle certain frustrations.

It's like the tolerance to frustration decreases and as if the fact of not being perfect is enough to recontact vulnerability.

It's a situation of pain because a person could suffer and feel desperate just because of a remark on their look, because of a taste that is not shared by someone else or because of an opinion against that intimate desire of being approved.

Paradoxically the need is that of being fed positive and encouraging incentives, a sort of "you're always right", "you are great", exactly because this vulnerability threshold undermines self-esteem a lot. The system feeds itself if we remain stuck on the mechanism that everything has to be approved. It feeds itself because that would confirm our perpetual vulnerability.

ANXIETY'S SYSTEM

Vulnerability and obsessions are natural mechanisms that occur based on the events that we live. During anxiety the trigger mechanism is skipped: it's like we are caged in an emotion that triggers the mechanism without it being a specific stimulus. The impact with this functioning is disarming, exactly because we feel unpleasant emotions without a reason. We gradually enter anxiety's system, which means that more or less consciously we feed angst with fear or with avoidance or with compulsions. I'll explain better! Thinking we could have a crisis, we guard ourselves by avoiding places, social situations, commitments, proving ourselves that we are even more vulnerable. When the obsessive aspect shows us fears of... killing, doing something wrong, losing control, we avoid situations or stimuli that could make us kill, do something wrong, get sick ect ect, the compulsion mechanism is triggered which is the mechanism of doing something in order to prevent supposed (non-existing) risks proving us even more how vulnerable we are. The system that feeds itself is a perfect one, made to last. Is the anxiety disorder! Another thing that makes the process of getting out of anxiety difficult, is the concatenation of physical symptoms that make the state of distress a system that is feeding on itself. One of these symptoms is insomnia. Insomnia feeds the physical stress and during the day the body remains on a state of activation or of agitation. There are episodes that trigger anxiety because they recall fragility, a cover of fragility, a cover that is made of convictions of an inviolable identity. A wound to this identity leads to anger as a defensive response, attachment for an identity is already a sign of a latent fragility itself. Fragility must be accepted rather than be fixed, seen with the right instruments as if we were another person observing ourselves.

ANXIETY'S SELF-DECEPTION

Fear and escape show an analogy to shyness and to escaping someone's gaze. We are stood over, this vulnerability is the same vulnerability that makes us slaves to the stiffen thought. The images remain imprinted and they scare us exactly because they stand over us. Anxiety definitely has to do with insecurity, it has to do with the fear of being ourselves to the fullest, and only by giving up the imperative of "being someone" we are able to rebuild our identity acknowledging our right to be ourselves.

Identity doesn't become something to hide to be with others but it's something that determines our relationships and what we do instead. In this configuration, dysfunctional anxiety does not exist. Evaluation starts from recognizing ourselves, building our self-esteem on a mask is self-deception.

STIFF THOUGHTS

Stiff thoughts: thoughts that are not fluid and that sometimes can be scary.
A lot of people think that they are what they think, actually nothing is more incorrect than that. Thoughts are often fantasies. What scares us is what we would never do. These thoughts come as an attempt to ward off things we would never want to happen.
Thoughts are often symbolic representations of something we fear. Believing we could hurt someone could mean we would never tolerate this thing instead of the opposite.
Vulnerability can lead us to confuse fantasy with desire, when actually the thought which worries us is never a desire, if anything it is the obsessed desire, a part of obsession that doesn't have anything to do with what we want or what we do.
Healing from anxiety means to take off the 'cast' from the thoughts. Vulnerability often creates the fear of

losing control which can stiffen the fear of hurting others, this means that from an initial fear we end up building a second one that is nothing less than a risk based on a condition that is not real. The fear of losing control doesn't correspond to the loss of control so we often suffer because of thoughts originated from nothing. This is an example of how the obsessive mechanism can generate stiff thoughts.

Going back to the healing, to take off the cast means to let thoughts flow, we must get out of vulnerability to do so. There are two paths: confronting the traumas to which we brought the traumatic experience or reinforcing again your own self-esteem, which is reinforcing the ability to live up to the situations. These two paths often move in parallel because the increase of self-esteem is often a result of the increase of consciousness, living up to situations will basically also mean recognizing your own limits and respecting them. The stiff thought's lesson is exactly that of making us evolve in the direction of acceptance of the fact that being ourselves also means to deal with our own limits while also respecting other people's limits.

A sort of window on a human way of functioning.

RESISTANCE: THE THEME OF I DON'T WANT IT ANYMORE...

In consciousness' alteration, and therefore, inside of a high obsessive rate, when images and consciousness alter the normal perception of thoughts' flow, another important factor is resistance. Our position compared to what is happening. It's like saying that if instead of our thoughts there was a situation we didn't tolerate, we won't tolerate the thoughts the same way. What is commonly called inflexibility.

Poor tolerance to frustration often makes us more resistant to take part in certain social situations, in the same way we will pay for this resistance in a high obsessive rate.

Paradoxically, it becomes therapeutic to acquire the ability to tolerate situations avoided to get out of anxiety. The so-called intrusive and annoying images gain power exactly thanks to our intolerance. Giving less importance to certain situations is the winning attitude in order to diminish thoughts' weight. As I was writing earlier, in fact, in front of an anxious flow is just the fact of not wanting anxiety that creates the condition. The cure is to give in, not to avoid, is to learn new strategies, not to create barriers.

The symptom is a manifested resistance, is the need to create new spaces. Avoiding others and therefore avoiding situations is often actually avoiding parts of ourselves. To fear something is to fear ourselves, and 'the other' who we are afraid of is 'another' who also lives inside of us and with whom we must learn to feel good. Mental space is real space and this is also the meaning I wanted to give to the book "I fiumi di Jane".

ANXIETY AND THE EXASPERATION OF THE SYMPTOMS

One of anxiety's main characteristic is the subjective fear that takes shape, starting from a catastrophic interpretation of body symptoms.

If we have a high vulnerability to sweating, muscle rigidity, tachycardia, tingling, these could be read as signs or confirmations of our most catastrophic fears.

It's like having a board with a cartoon drew on it, a cartoon of which we have to decide the dialogues and the colours and it's like we're only having catastrophic ideas and vivid colours in mind.

The way we read our symptoms always come from our deepest fears. For example, a person who's afraid of being insane could read muscle rigidity as a presence or as an hallucination and someone who believes to be sick could read tachycardia as a heart attack, and so on similar symptoms are seen in a subjective way with the constant of an imminent catastrophe.

ANXIETY AND ONE'S OWN LIFE STORY

One of the most important signals about the fact we are reworking what we have repressed is exactly the fact that we feel distressed when recalling images of our life story. Images that remind us of how we "decided to overlook it" and of how we were "doing things anyway" when there actually were all of the reasons to feel distressed. The angst we were feeling then, we relive it right now and reliving that angst is actually a signal we are getting out of anxiety, even if it may seem like a hard relapse during the process of healing. A child can't process really strong emotions like experiences of neglect or abuse as an adult can. If anxiety shows up when we are adults, it's simply sending us the message we should get back that authentic part of ours that we put aside as a "magic" strategy to not be abandoned or abused. Reliving past anguishes is the first step to reconnect to our true identity.

Vulnerability often leads us to protect ourselves from that anguish though. Framing facts and events well makes us more confident. If anxiety shows up today it's because we need that repressed part, if the brain sends us that repressed anguish it's because it evaluated that we are able to handle it. To trust nature is one of the elements that is devalued by the anxious person. It's like we want to control even nature and like we can't trust anyone. It's classic hearing from someone who suffers from anxiety that they would like to escape even their own self. When we run away from ourselves we run away from something that we are afraid of expressing, which is the part that made us suffer in the past and that we decided to delete because we considered it to be responsible for our pain.

He who fantasized as a child to be abandoned or to not be wanted could be extremely available and take care of other people's problems when he becomes an adult, only to later feel even more abandoned and misunderstood, unconsciously feeding a system of insecurity and of not having self-confidence. During a moment of extreme stress these people will definitely reconnect with vulnerability, going through anxiety will give them the possibility to be able to live the relationships with others peacefully and without feeling guilty in an equal situation.

We can lower our level of vulnerability only by regaining our self-esteem and this transition starts from the integration of those emotions or behaviours that were repressed to not be abandoned or to be loved.

We deserve to be loved without conditioning, if someone threatens us they only do it because they want to control us!

It's we who decide how much time to spend with them. Little children can live a threat from someone as a full on reality, for example if the mom tells to the young son that if he doesn't eat she doesn't want him anymore the child could think: "I must eat or else mom will abandon me"... which is transformed into "mom would have abandoned me because I wasn't eating, imagine if I make her mad or I make disasters, etc etc...", in a spiral of anxieties that the brain will wrap and give us back when we become adults. Children live anxiety too, but they often don't have the ability to contain themselves so a lot of thoughts get repressed by our brain because of a spirit of self-preservation which is the same principle to why we should trust our body's nature.

A lot of adults somatize because they are not ready to hold the weight of anguish, therefore nature can send them anguishes back through digestive difficulties or migraine. Anxiety is an undefined disquiet, a feeling of apprehension and danger! A confirmation of the impossibility to heal. It's desperation, obsession, fragility but also a lack of balance, tachycardia, hyperventilation, sweating and blurred vision.

Muscle rigidity and fear of... killing, being wrong, getting sick and not making it. It's an announced disaster but also an incredible insightful adventure, a possibility to comprehend others and ourselves, the only road to be free from conditioning and from masks that we wore for years, often without being aware of it. It's a liberation that comes at a high price , an incredible chance to become ourselves!

The process of healing goes just through all of this.

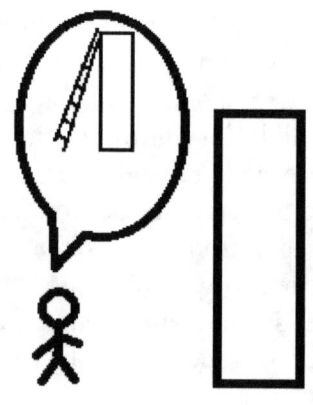

Scheme of loss

THE SCHEME OF LOSS

The person is vulnerable in front of a wall that seems insurmountable, we can feel violent and desperate so the thought (the obsession) tries to find even magic, symbolic solutions; it could meet witches, deads. The "staircase" solution takes place starting from a change inside of us that leads us to be confident about our ability in making it, starting from recognizing that part of ourselves that is convinced of the opposite. It seems like anxiety is a comparison with something huge that inevitably meets a similar past experience. A person who's convinced of not being important enough and worthy of love can try to supplant this thought by filling their lives with objects (job, friends, commitments, interests, classes), this action of filling is effective only until we don't experience the inability to make it again.

The solution could be that of recognizing our right to be loved and lovable by setting parts of ourselves that we traded for love free. In fact, it often happens that the compromise to be loved when we were children is exactly that of being liked, giving up desires and spontaneity which are often actual repressed talents.

The mind is a thunder

The mind is a thunder
with a frightening rumble
with echoes of images
that stake naked walls
of fragility.
After the storm
there is nothing left
of a sun kissed
field of flowers,
when we are hanging
on anchors of fear…
When we are suspended
between the cracking earth
and a flying seagull...

EXPERIENCES OF ABANDON/SEPARATION

Who suffers from anxiety can experience the fear of being alone, an anguish that seems to resemble the one children show when their mom leaves them in the arms of a stranger or crying in a crib.

The anguish that comes from abandon, a sort of desperation associated to an uncontainable fear. A very high gradient of vulnerability even without obsessions makes us children in diapers, symbiotic beings who are not enough for themselves to survive.

It seems like there is an increasing lack of self-confidence, which confirms the inability to handle ourselves or to handle anguish depending on how we want to look at it.

ANALYSIS OF THE ORIGINS

Since life itself is a collection of events that make our ability to tolerate frustration come into play, we need to find the common thread of traumatic events in anxiety. In order to bring obsession back to its emotional condition we need to work backwards, therefore we need to understand how this emotion, that has been held down, becomes obsession when facing the stressful event. In other words, we need to understand the causes of this emotion, and also understand its context and function as well. We often have anger that we repress not to feel it, we please and try to be liked by everyone, the stressful event increases our vulnerability, and obsession brings anger into play. Anger doesn't have anything to do with anxiety but if we want to improve our condition we need to also look at the reason why we have it. Finding the origin guides us towards a change of our entire personality. So to sum it up, the fears of going crazy, doing something wrong, dying, etc etc, are linked to vulnerability; obsessive fantasies are linked to the emotions we used to repress before the traumatic event.

We feel the change when we realize that situations that were normal before, now become too tight for us because we are retrieving our right to always be our authentic selves.

The person who wasn't expressing their anger when they were receiving impositions from certain figures, for example from parents, will start to feel the discomfort and the right to defend themselves.

SELF ESTEEM AND THE THEORY OF ONE'S SELF

Vulnerability is an unpleasant and distressing condition, to use a metaphor it's like being a snail on a busy sidewalk or paradoxically a bystander that can crush someone without realizing it.

The metaphor obviously represents the psychological experiences and not what we are actually going to do. Experiences that were so scary that they often generate the fear of reliving them, so that they become a problem themselves. Vulnerability could paradoxically feed itself with confirmations of fragility.

To heal our self-esteem we need to water the sprout that we have inside, we need somehow to grow starting from our authenticity. The most extreme need of a young child is to have adults as their alleys exactly because the adult who is so big and tough can be nice but also mean and threatening. The child will adapt to the requests even if it means to give up on being himself. It is common, and sadly it works very well, to threaten your own children in order to make them more obedient.

A threat could be for example: "if you do this you will make mommy cry... if you cry I don't want you anymore, etc etc...". My description of childhood is just an attempt to make the reader recall all of the images that have to do with this scheme in adulthood. Being fragile also means being easily manipulated and feeling guilty. This justifies abuses often accepted in a couple or in a work context as a sort of death (very common as a theme in the early days of anxiety through dreams or symbolic thoughts) of the old life in exchange for a new one. Rebirth brings us back to the scheme of vulnerability and here, going back to what I wrote about the sprout earlier, it's up to our rational part to take care of it.

Healing is relation and realization, it's coming into contact with the things that make us feel better even if we think we are not able to.

It's a revolution of our beliefs about ourselves, a rediscovery of our ethic.

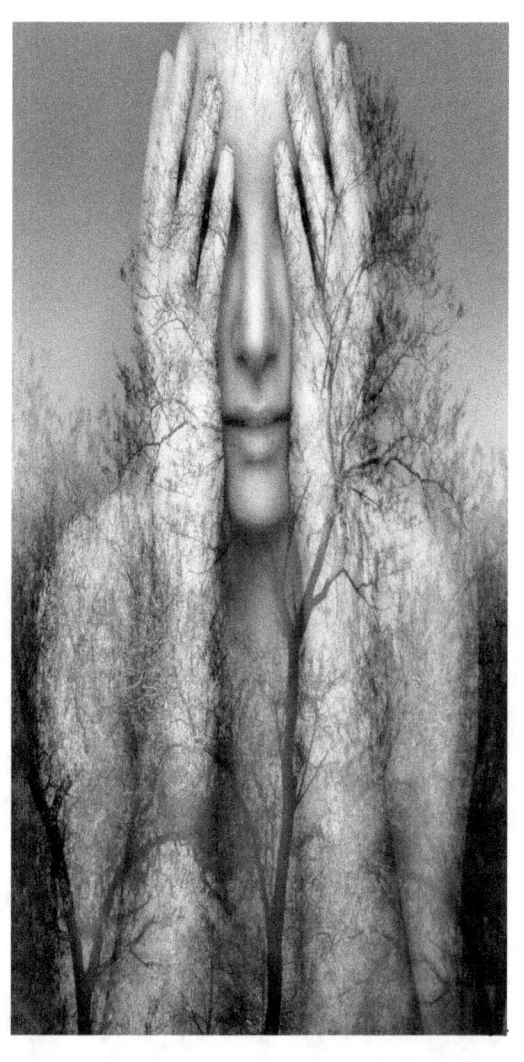

INDEX

ANSIA
Paolo Russo

TESTO ORIGINALE EDITO NEL GIUGNO 2018

Paolo Russo

ANSIA

"conoscersi per guarire"

Trattato di analisi etica: metafora e sintomi

Psylibri Edizioni

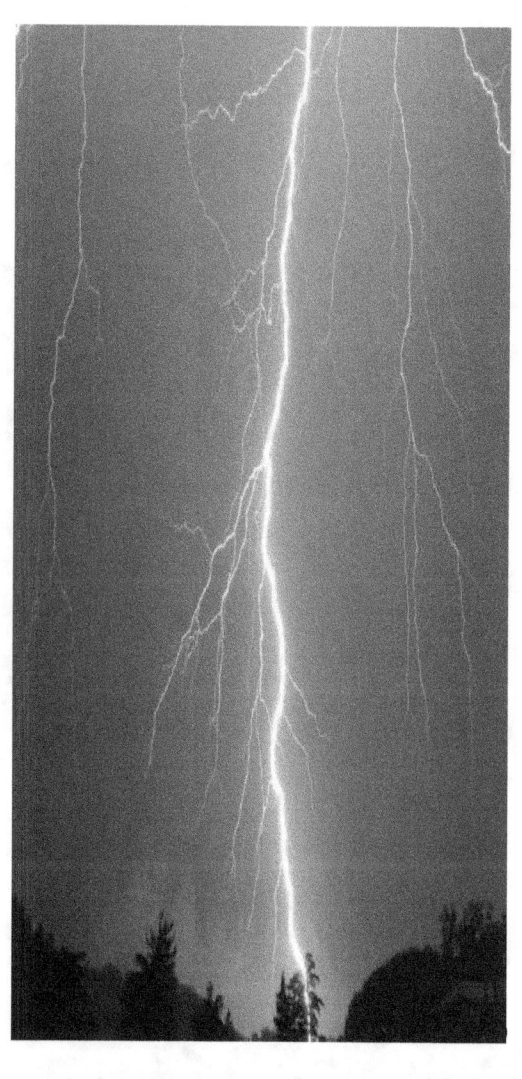

Ansia

Un abbraccio infuocato
di pensieri che ardono,
grida che anticipano il fiato,
echi stonati lungo sentieri malati
che contagiano di morte le speranze.
Quando le stelle di notte, d'un domani cupo
sono passi pesanti, sulla terra brulla
e immagini crudeli su schermi dorati,
la pazienza diventa impotente
cedendo il passo a questa morte viva.
Le braccia si fanno aperte e desolate,
scorre dentro tutto il corpo un brivido ghiacciato
che paralizza l'anima e ammutolisce i sogni...

Fino a quando si spegne il freddo
e si ricomincia a respirare.

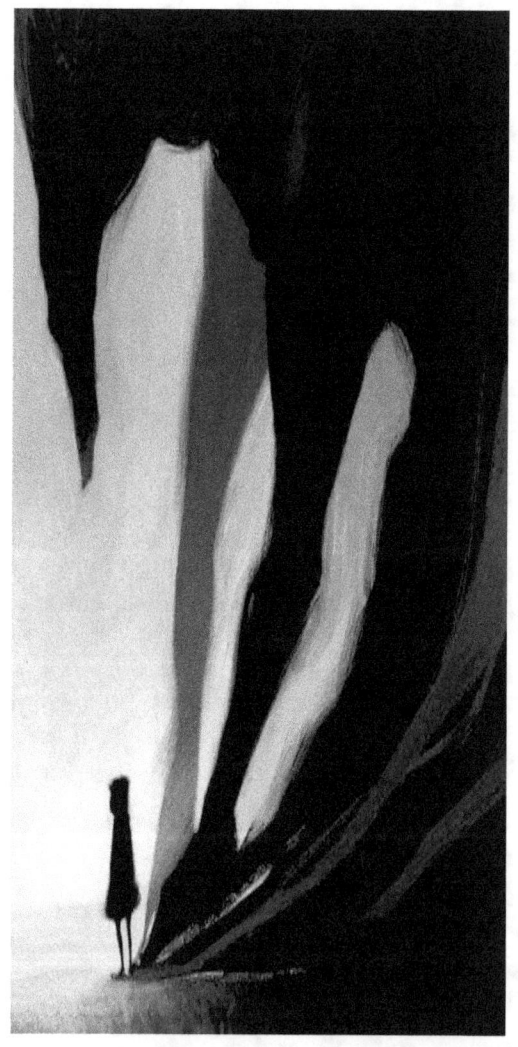

PRESENTAZIONE

Quando nella tua quotidianità troverai un fardello pesante, senza senso, fastidioso come un ragno poggiato sui tuoi capelli che non riuscirai ad allontanare e deciderai dopo aver sperimentato la tua impotenza di conoscerlo, di accettarlo nella tua vita... Quando arriverai a chiederti il perchè proprio tu hai sperimentato questa paura che ti disarma, che ti rende insensato, ti rende cattivo, diverso, strano, proprio allora quando farai i conti con la difficoltà di convivere con la voglia di resistere, con la voglia di essere diverso... proprio allora nella tua mente maturerai nuovi spazi per i tuoi mostri... hai cominciato anche senza volerlo a cucirteli addosso e solo quando ti sei abbandonato a loro hai capito che i pensieri cattivi erano grida di parti di te che stavi soffocando e che adesso sono a tua disposizione per il tuo viaggio alla scoperta delle cose della vita.

Soprattutto a te è dedicato questo libro, a te che puoi capire che le colpe sono ferite celate, nutrite da un senso di irrequietezza viscerale, sono spine sulla pelle ferita e su ferite mai cicatrizzate. Quando ti sei arrabbiato e volevi rompere tutto stavi semplicemente parlando la lingua dei tuoi mostri, volevi essere capito, riconosciuto, amato ora come allora, quando fragile qualcuno ha calpestato i tuoi bisogni.

A te che hai capito che la vita è un dono meraviglioso e che hai trasformato la tua difficoltà di vivere in una malattia, per tanto tempo, troppo... e che hai costruito sulle tue macerie muri temprati, a volte invalicabili fino a quando non hai compreso che alzarli non serve a nulla quando si è se stessi.

E maledetta quella volta che hai amato qualcuno perchè è proprio l'intimità che ricrea quelle paure che hai chiuso a chiave dentro la stanza più nascosta del tuo inconscio. Tu che temi ancora oggi le ferite, a te è dedicato questo libro, a te perchè sai capire e puoi fare del tuo percorso interiore un nuovo mondo. Pennellare con tinte nuove muri di fragilità, anche le pareti di quelle persone che hanno sedato la loro anima perchè intolleranti a quei lamenti, a quelle grida insopportabili. Quando scrivi, disegni, balli, suoni, componi o ci metti tutto te stesso per trasformare il tuo pianto in virtù, le tue cicatrici in saggezza, la tua presenza in un luogo sicuro per poter permettere agli altri di esprimere sorrisi sinceri.

Tu sai che non posso spiegarti l'ansia, perchè l'ansia è un luogo che va esplorato. Posso raccontarti le ansie che ho conosciuto e le statue di fragilità su piazze devastate, piazze finte di amor proprio dove venivano eretti dei. Quelle piazze erano i luoghi del dolore ed ogni volta che i fedeli si riunivano a venerare queste sculture esse subivano trasformazioni, talvolta diventavano giganti, eruditi, belli e talvolta simpatici, competenti e intelligenti, dei condannati alla compiacenza...

L'ansia è una via d'ingresso verso quel

mondo descritto dai poeti, verso quello che gli psicanalisti chiamano inconscio. E' un luogo terribile dove le sofferenze diventano pugnali sul cuore, cadute da altezze elevate, pelle crepata, per usare il lessico poetico, eppure è un luogo che non conosce la morte, è una morte da vivi. E' la sensazione che più assomiglia a quello che la gente comune indica con il termine "anima vagante". Quelle figure immortali vaganti e invisibili ai più...

L'ansia è una sensazione di dolore estremo, dolore di rappresentazione, siamo assassini, persone cattive, siamo vittime di malattie ma siamo noi stessi uccisi, feriti, ammalati, ovviamente con presunzione, e sentiamo quel dolore che ci vive dentro. E' una messa in scena di una poesia drammatica in cui diventiamo attori e interpreti favolosi. Siamo mente che non conosce la morte perchè l'angoscia dell'ansia è un'angoscia che travalica la morte: fisicamente si muore quando il corpo non ne può più, psicologicamente si sperimenta l'essere andati oltre la sopportazione...

Buona lettura

Paolo Russo
(www.drpaolorusso.it)

INTRODUZIONE

La Matrice (da "i Fiumi di Jane" Febbraio 2000)
"La matrice costituisce il nucleo centrale della nostra vita. Essa va considerata come un involucro che muta continuamente a seconda dei "detriti" apportati alla matrice stessa dai fiumi che costituiscono la nostra vita. Il destino è da considerarsi come una "legge" che non rientra strettamente nel significato proprio di questa parola, ma viene a rappresentare una circostanza già delineata prima di averla vissuta, pur se solo nell'aspetto più generale. Molteplici sono infatti le situazioni che si possono verificare al fine di determinare lo stravolgimento di una fase più o meno "brutta" della propria vita. La "fase brutta" è determinata da "agenti" che influiscono negativamente nella formazione o, meglio, nella determinazione di un obiettivo da raggiungere. Questa fase si presenta

nelle persone in cui determinati detriti non sono stati assorbiti in maniera ottimale o quando addirittura non sono stati percorsi i fiumi da cui trarre esperienza. La "fase bella" è costituita da quelle circostanze in cui un determinato obiettivo può essere raggiunto con l'aiuto e quindi grazie all'influenza di un agente esterno; tale fase comporta una gioia immensa ed una formazione di detriti che alla fine del percorso di un fiume vanno a costituire, all'interno della nostra matrice, un legame con l'agente esterno che ha contribuito alla nostra gioia. I fiumi determinano situazioni che mutano spesso il nostro modo di interpretare la realtà: più ci si allontana dalla nostra matrice più vediamo le cose in modo diverso, poichè viviamo i detriti senza averli messi in concomitanza con gli altri già assorbiti nella nostra matrice. Non è mai opportuno vivere distaccandosi pienamente dalla propria matrice ma, al contrario, è sempre opportuno farsi guidare al raggiungimento della stessa da un agente che può essere un amico, una persona di fiducia... La matrice, che rappresenta la parte centrale di noi stessi, non va mai trascurata, e a tal fine è opportuno confrontare la vita che si vive al momento con una situazione di gioia. Solo così è possibile capire se ci si trova a vivere un fiume lontano dalla nostra matrice e quindi si può provvedere di conseguenza. Quando i fiumi si distaccano in modo determinante dalla matrice, conviene non affrontare situazioni importanti poichè si rischierebbe di affrontarle in maniera sbagliata. Ciò comporterebbe un allontanamento ancora più evidente da quella che è la matrice propria, e se simili momenti diventano recidivi si può rischiare di vivere fiumi notevolmente distanti dalla matrice e, quindi, di vedere la realtà come non è effettivamente. La realtà è unica e uguale per tutti, sono i detriti a farla percepire in modo diverso, ma se questa realtà viene vista da fiumi abissalmente lontani dalla matrice conduce ad uno stato di cosiddetta *pazzia*: una visione della realtà per mezzo di un solo detrito non assorbito che viene a costituire una sorta di matrice sostitutiva. Molteplici sono i campanelli di allarme che possono indurre agenti esterni, come attirandoli, a fornire aiuto..." . Così nel 2000 cercavo di costruire un'architettura dell'inconscio utilizzando la metafora della vita per eccellenza: il fluire del mare. Il mare a cui tutto giunge attraverso i fiumi che attraversano montagne, colline e pianure. La morfologia della natura che si trasla dentro di noi. Noi siamo il riflesso della natura talvolta abbandonata e offesa, talvolta curata e amata. L'agente è l'altro che noi richiamiamo ma che risponde solo se sa che la nostra natura è natura tanto quanto la sua. Il senso dell'esistenza è il confluire di esperienze che ci danno ragione dell'umanità, sono strumenti che acquisiamo attraverso la consapevolezza che le stagioni non sono eterne, che tenebre e luce si alternano, come caldo e freddo, pioggia e siccità e ciò è scritto in ogni fiume che sgorga dentro noi. Le emozioni sono il risultato di una configurazione interna, una sorta di architettura della fantasia inconscia in cui gli elementi sono reali e sono espressioni del sentire. La poesia ha il dono di farci capire come l'immagine diventa emozione, la poesia come l'arte in generale che è semplicemente una rappresentazione o messa in scena dell'inconscio. La mancanza di esperienza è vulnerabilità, che spesso ci conduce a bloccare il flusso e a confondere il tutto con il particolare. Allora una stagione fredda può sembrarci la vita in generale e l'incapacità di resistere prende la forma di un vero e proprio disturbo psicologico.

Ricontattare la vitalità della natura è la strada per uscire dall'ansia, ricominciare a fluire aldilà degli ostacoli con la fiducia che passato il freddo anche questa esperienza sarà uno strumento in più per vivere appieno il reale e per riconoscere nell'altro una natura da rispettare e da proteggere tanto quanto la nostra.

L'ANSIA E I SUOI SINTOMI

L'ansia è una delle risposte che il nostro corpo o la nostra mente mettono in atto in determinate situazioni. Spesso è lo sperimentare la nostra vulnerabilità che ci fa conoscere l'impossibilità di gestire sintomi fino ad allora privi di attenzione. Esiste un meccanismo che chiamerò "*meccanismo dell'ossessione*" che consiste nel fissare un pensiero senza che vi sia fluidità di immagini. Una sorta di fotografia di una parte di un'immagine viva a cui segue eccessiva emotività. E' come se per certi versi si azionasse un meccanismo a tema, una sorta di genere, e venisse trasmesso a ripetizione.

Esistono due indici specifici che se contenuti ci proteggono dall'angoscia: il primo è "*l'indice di vulnerabilità*" cioè la capacità di ridimensionare il reale non essendone invischiati o perlomeno più si è invischiati più la vulnerabilità è alta. Il secondo è "*l'indice ossessivo*" cioè per quanto tempo e con che frequenza girano le immagini ossessive sopra descritte. Se l'indice di vulnerabilità è basso le immagini non fanno effetto, anzi potremmo dire che ripetizioni sono frequenti nella quotidianità, se l'indice di vulnerabilità è alto subentra una sorta di sopraffazione che non è paura ma senso di impotenza e di limite estremo, la cosiddetta angoscia. E' chiaro che l'indice ossessivo alto è un segno di un malessere che però non innesca necessariamente una crisi d'ansia. Se la vulnerabilità la sperimentiamo davanti a un forte stress, le ossessioni diventano un tentativo mentale di trovare risposte a paure specifiche. La natura delle ossessioni è determinata da contenuti che hanno sempre a che fare con l'impossibilità di gestire e quindi con la paura di impazzire, di morire, di sbagliare, ecc. ecc., una sorta di proiezione di scene e immagini dal contenuto drammatico che sono un'esasperazione di emozioni simbolicamente rappresentate da presunti comportamenti agibili. Una sorta di sogno che rappresenta l'impotenza di fronte alle emozioni, è una rappresentazione drammatica e per immagini di quello che ci ha fatto sperimentare la nostra vulnerabilità.

Se per esempio una persona eccede le proprie forze fisiche o subisce un trauma sperimenta qualcosa che non si può controllare, questo qualcosa verrà replicato attraverso il contenuto simbolico delle ossessioni fino a quando l'indice di vulnerabilità non verrà ristabilito. In acutie relax, meditazione, psicoterapia potrebbero essere insufficienti così come sarebbe sbagliato prendere farmaci ai primi segni di vulnerabilità. Sapere di essere estranei a quel qualcosa che ci spaventa durante una crisi di panico è una conquista che si fa dopo un po' di tempo e che passa per una consapevolezza sempre maggiore di se stessi. Imparare a ricollocare i pensieri ossessivi nell'ambito del sogno o dell'emozione è un lavoro che da un lato ha la conseguenza di aiutarci a proteggerci dalle fatiche eccessive e dall'altro di insegnarci la capacità di imparare a rendere più fluido il cambiamento. Poichè noi ci facciamo un torto se ci convinciamo di essere l'immagine che abbiamo di noi stessi. Noi siamo anche ciò che non è pensato e pensabile. Siamo un flusso che non si sa dove porta, possiamo incidere sul flusso ma non lo dobbiamo interrompere. L'ossessione ha la caratteristica di convincerci che siamo quel pensiero ma il pensiero è solo una minima parte della nostra vita. L'ansia è proprio la dimostrazione palese che siamo ciò che non pensiamo di poter essere.

Il far propria questa consapevolezza è la guarigione dalla vulnerabilità perchè intimamente l'ossessione diventa una emozione e cioè uno dei tanti brividi di quell'avventura che è la vita.

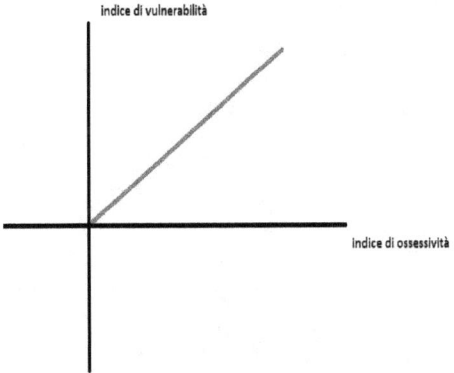

Indici dell'ansia

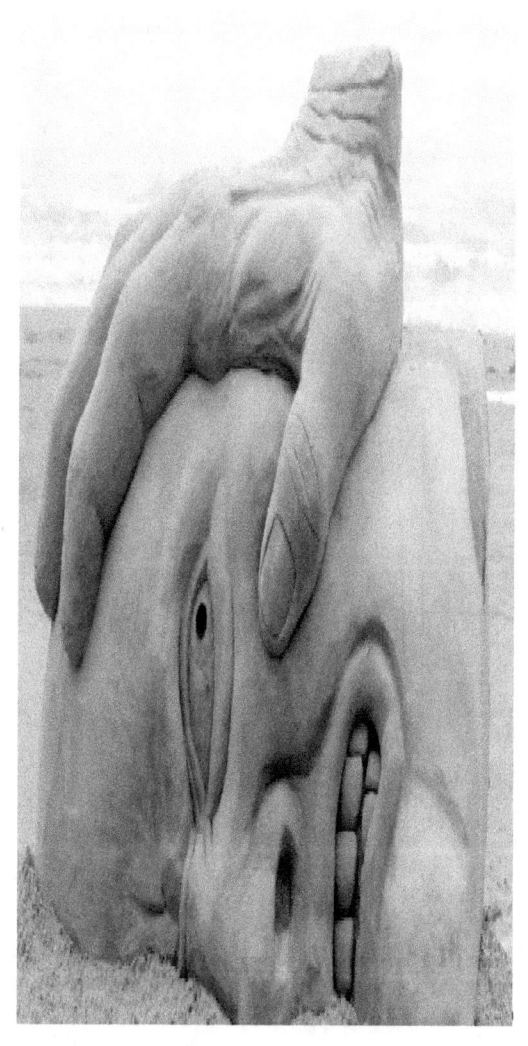

LA RABBIA COME DIFESA
DELLA VULNERABILITA'

Perdere autostima ed essere fragili può porci nella condizione di difenderci dagli altri. L'altro diventa uno che usura o che ci sfrutta o che si prende gioco di noi. In realtà è la condizione stessa della vulnerabilità che ci porta a difenderci spesso impropriamente. Con un livello di vulnerabilità alto aumentano la suggestione e la percezione. E' proprio per questa condizione di allerta massima che attiviamo, che spesso finiamo per nutrire il sistema dell'ansia.

Si pensi per esempio a chi ha paura di essere pazzo: si sorprenderà ad ogni rumore oppure si potrebbe arrabbiare persino per uno sguardo di troppo come se l'altro vedesse in lui il disagio.

Vulnerabilità e ossessione avvengono a partire da una novità. Se c'è una novità diventiamo più vulnerabili fino a quando ossessionando non troviamo le risposte che ci servono. La crisi ansiosa è un vuoto da riempire, una risposta da trovare che potrebbe anche essere una parte di noi stessi da tirare fuori dalla repressione o dalla svalutazione. In altri termini l'ansia è uno sperimentare la vulnerabilità di fronte alla vita, una sorta di deja vu dei primissimi momenti della nostra esistenza.

LA PARTE PER IL TUTTO

Questo equilibrio tra ossessioni e vulnerabilità può portare a credere che il significato dell'ossessione parli di qualcosa di definito, in realtà il significato simbolico è antecedente al trauma: ciò che reprimevamo aveva motivo di essere represso, come per esempio la nostra incapacità di scontrarci o di mostrarci per paura del giudizio.

Queste emozioni che arrivano spesso sono accompagnate da ricordi di eventi in cui abbiamo sofferto, ciò che la nostra mente seleziona è la nostra sofferenza rimpicciolendo il quadro e le motivazioni più autentiche.

Spesso si può arrivare a provare odio per una persona perchè la nostra mente ci mostra tutte le volte che la stessa ci ha fatto sentire a disagio quando in realtà questa stessa persona ci ha anche amato e noi le abbiamo anche voluto bene.

Una delle cose che maggiormente si

apprendono nel percorso di consapevolezza dell'ansia è che siamo stati noi allora a decidere di indossare la maschera e che gli altri hanno recitato un ruolo di attribuzione.

L'ansia insegna a distruggere la maschera qui e ora e noi possiamo rimanere noi stessi e scontrarci con chi ci fa sentire a disagio al prezzo anche di non dedicargli il nostro tempo e il nostro amore. Nel contesto noi siamo una pedina determinante: se cambiamo noi cambia l'intero quadro e questo sapere l'ansia ce lo nasconde.

L'INCONSCIO E' MEMORIA

La realtà fisica esterna è registrata con la percezione di un momento specifico. Quella percezione appartiene a una configurazione interna a partire dall'educazione che crea paure e timori registrati come percorsi esperienziali dolorosi. Ciò che vediamo e che emotivamente ci fa male è un percorso che genera sofferenza che può ritornare ogni qualvolta ripercorriamo lo stesso percorso dentro di noi.

Isola

arcipelago

matrice

fiumi

96

Il fiume (*vd i fiumi di Jane*) come flusso della coscienza che contiene dentro sè l'esperienza può attingere da vissuti lontani dalla matrice fino a configurare una memoria comune di vissuti o isole, costituendo una memoria del particolare dove le cose che si ricordano ricompaiono alla mente in quel bagnare l'arcipelago della nostra esistenza. Sono momenti di terrore, vissuti di sopraffazione, senso di liberazione, talvolta rabbia, paura o immobilizazione. Ciò che la clinica chiama ansia è spesso connotato da un senso di impotenza che è nostalgia della matrice. Una sorta di forza stagnante che ci inganna nel presentarsi matrice. E' il particolare che spaventa nel fantasma del generale.

L'IMPULSO E L'AZIONE

Il fiume è una metafora in un percorso interno all'interno dei ricordi che si traduce in una manifestazione del comportamento. Così come la nostra mente esplora percorsi di memoria così noi esploriamo la realtà. Le immagini che vediamo sono le stesse immagini che incontra il pensiero così come le emozioni che proviamo rispondono alle stesse logiche dei pensieri che utilizzano dati di memoria. Esiste la determinazione che è un rispondere ad una focalizzazione di certi obiettivi, esiste l'ossessione che è un focalizzarsi su determinate scene di pensiero, rappresentazioni reali su cui immaginiamo presunte conseguenze drammatiche.

Il pensiero osserva dati di realtà anche estranei a noi, scene, immagini, che abbiamo incontrato nella nostra quotidianità. Le logiche del pensiero sono le logiche del comportamento. Solo che pensare non è fare semmai è guardare. Ovviamente se un bambino guarda scene drammatiche può rimanerne scioccato così l'adulto con un livello di vulnerabilità alto sarà un adulto angosciato o ansioso.

La derealizzazione è il presunto predominio del pensiero: fa vivere l'impulso di fare come se fare fosse liberatorio del pensiero stesso, è il meccanismo ossessivo che traslato su un piano immorale spaventa. Se l'impulso fosse quello di mangiare sarebbe diverso!

Il meccanismo imperativo dell'ansia è in realtà un meccanismo carente di frustrazione. Esiste una carenza di contenimento perchè il bambino che desidera spesso desidera anche ciò che gli fa male e se non viene liberato dalla schiavitù del pensare/fare non ne coglierà il senso più profondo. E' la frustrazione che crea il confine tra essere il tutto ed essere parte del tutto. Noi amiamo nella misura in cui percepiamo l'altro, se l'altro siamo noi ricadiamo nel meccanismo dell'indefinito. Allora se non creiamo dentro noi la capacità di contenere, di frustrare, ci spaventeremo davanti alla prepotenza della rappresentazione proprio perchè non sapremo ridimensionarla alla sua natura di immagine. Come scrivevo prima pensare è guardare così come si guarda quando si cammina.

LA FORMAZIONE DEL SINTOMO

La guarigione dall'ansia spesso avviene per spostamento e convinzione. Esiste uno stato di vulnerabilità che va placato costruendo una struttura capace di reggere un vissuto altrimenti troppo invasivo, questo passaggio evolutivo necessita di una trasformazione che passa per un rivivere fasi d'ansia profonde. La soluzione per non affrontare l'ansia e quindi il processo di cambiamento è quella di strutturare attorno a qualche sindrome la significazione dei sintomi d'ansia. Un riscontro che dà forma al quadro ansioso alleggerisce il carico del vissuto di vulnerabilità e più la forma si traduce in sindrome o malattia più i sintomi si allegeriscono. Per cui l'asma potrebbe essere la cura dell'ansia, cosi' come un'ernia presunta, un dolore reumatico, una gastrite e un intestino "debole". Queste "malattie" strutturano la percezione del disagio in un modo molto più accettabile e per esempio si diventa preoccupati perchè si ha l'asma piuttosto che l'angoscia, anzi l'angoscia si affievolisce e diventa preoccupazione per ciò che l'asma non permette di fare o per le visite e cure dall'allergologo per guarire dall'asma che spesso resta per tutta la vita... La focalizzazione verso uno stimolo assume pure dinamiche simili, per esempio si diventa fobici per non sentire un disagio molto più profondo. Il contenuto dei pensieri richiama temi ben definiti che ci mantengono in uno stato di vulnerabilità ma che in realtà sono solo una riproposizione di un essere stati troppo piccoli e indifesi di fronte a situazioni non gestibili emotivamente.

Un esercizio che si può fare con un indice di vulnerabilità alto è quello di dare in pasto pensieri alla propria mente: nella dinamica della fragilità la suggestionabilità ci induce a rimuginare su qualsiasi contenuto.

IL SINTOMO ESASPERATO

Una caratteristica illuminante delle persone che diventano consapevoli dell'ansia è quella di far risalire la causa del loro disagio a esasperazioni dovute all'incapacità di reggere certe frustrazioni.

E' come se la tolleranza alla frustrazione diminuisse e il non essere perfetto bastasse già a fare ricontattare la vulnerabilità.

E' una situazione di sofferenza perchè una persona potrebbe soffrire e sentirsi disperata semplicemente per un commento al proprio look, ad un gusto non condiviso o ad una opinione contro quel desiderio intimo di essere approvati.

Paradossalmente il bisogno è quello di nutrizione di stimoli positivi e incoraggianti, una sorta di "hai sempre ragione", "vai benissimo", proprio perchè questa soglia di vulnerabilità mina molto l'autostima. Il sistema nutre se stesso se si rimane nel meccanismo che tutto deve essere approvato. Nutre se stesso perchè ciò confermerebbe la nostra perenne vulnerabilità.

IL SISTEMA DELL'ANSIA

Vulnerabilità e ossessioni sono dei meccanismi naturali che si innescano in base agli eventi che viviamo. Nell'ansia il meccanismo di innesco salta: è come se si restasse ingabbiati in un'emozione che innesca il meccanismo senza che vi sia uno stimolo specifico. L'impatto con questo funzionamento è disarmante proprio perchè si provano emozioni sgradevoli senza nessun motivo. Si entra a poco a poco nel sistema dell'ansia e cioè più o meno consapevolmente si nutre l'angoscia di paura o di evitamento o di compulsioni. Mi spiego meglio! Pensando che possa venirci una crisi ci premuniamo evitando luoghi, situazioni sociali, impegni, dimostrando a noi stessi di essere ancora più vulnerabili. Quando l'aspetto ossessivo ci mostra paure di... uccidere, sbagliare, perdere il controllo, evitiamo situazioni o stimoli che ci potrebbero fare uccidere, sbagliare, ammalare ecc ecc, scatta il meccanismo della compulsione e cioè del fare qualcosa per evitare rischi presunti (che non esistono) dimostrando ancora di più a noi stessi la nostra vulnerabilità. Il sistema che nutre se stesso è un sistema perfetto fatto per perdurare. E' il disturbo d'ansia!

Un'altra difficoltà per uscire dall'ansia è la concatenazione di sintomi fisici che rendono lo stato di sofferenza un sistema che si alimenta da solo. Uno di questi sintomi è l'insonnia. L'insonnia alimenta lo stress fisico e il fisico durante il giorno rimane in stato di attivazione o agitazione.

Ci sono episodi che scatenano l'ansia perchè richiamano una fragilità, una copertura della fragilità fatta di convinzioni di un'identità inviolabile. Una ferita a questa identità causa rabbia come risposta difensiva, l'affezione ad un'identità è già di per sè un segno di una fragilità latente. La fragilità va accettata più che riparata, vista con strumenti adeguati come se fossimo un altro che ci osserva.

L'AUTOINGANNO DELL'ANSIA

La paura e la fuga presentano un'analogia con la timidezza e lo sfuggire dallo sguardo dell'altro. Si è sovrastati, questa vulnerabilità è la stessa che ci rende schiavi del pensiero congelato. Le immagini restano impresse e ci spaventano proprio perchè ci sovrastano. L'ansia ha a che fare senza dubbio con l'insicurezza, con la paura di essere se stessi fino in fondo, e solo rinunciando all'imperativo "essere qualcuno" riusciamo a ricostruire la nostra identità riconoscendoci il diritto di essere noi stessi. L'identità non diventa qualcosa da nascondere per stare con gli altri ma al contrario è qualcosa che determina le nostre relazioni e ciò che facciamo. In questa configurazione l'ansia disfunzionale non esiste. La stima parte dal riconoscimento di sè, costruire la propria autostima su una maschera è un autoinganno.

I PENSIERI INGESSATI

I pensieri ingessati: pensieri che non sono fluidi e che a volte spaventano.

Molte persone credono di essere ciò che pensano, in realtà nulla è più falso di ciò. I pensieri spesso sono fantasie. Ciò che ci spaventa è ciò che non faremmo mai. Questi pensieri si presentano come tentativo di scongiurare cose che non vorremmo mai che succedessero.

I pensieri spesso sono rappresentazioni simboliche di qualcosa che temiamo. Credere di poter far male a qualcuno può significare che non tollereremmo mai questa cosa piuttosto che il contrario.

La vulnerabilità può indurci a confondere la fantasia con il desiderio, in realtà il pensiero che ci preoccupa non è mai desiderio, semmai è il desiderio ossessionato, una parte dell'ossessione che non c'entra nulla con ciò che vogliamo o facciamo.

Guarire dall'ansia significa togliere il gesso ai pensieri. Spesso la vulnerabilità causa paura di perdere il controllo che può ingessare la paura di fare male agli altri, ciò significa che da una paura originale si finisce per costruirne una secondaria che non è altro che un rischio basato su una condizione che non è reale.

La paura di perdere il controllo non coincide con la perdita del controllo per cui spesso si soffre di pensieri nati dal nulla. Questo è un esempio di come il meccanismo ossessivo può generare pensieri ingessati.

Tornando alla guarigione togliere il gesso significa far fluire i pensieri, bisogna uscire dalla vulnerabilità per farlo. Esistono due strade: affrontando i traumi a cui ci ha riportato l'esperienza traumatica o rinforzando di nuovo la propria autostima e cioè la capacità di essere all'altezza delle situazioni. Spesso queste due strade procedono parallelamente proprio perchè l'aumento dell'autostima spesso è un effetto dell'aumento della consapevolezza, essere all'altezza delle situazioni significherà sostanzialmente anche riconoscere i propri limiti e rispettarli. La lezione del pensiero ingessato è proprio quella di farci evolvere nella direzione dell'accettazione che essere se stessi significa anche fare i conti con i propri limiti rispettando anche quelli degli altri. Una sorta di finestra su un modo di funzionare umano.

LA RESISTENZA: IL TEMA DEL NON LA VOGLIO PIU'...

All'interno dell'alterazione di coscienza e quindi all'interno di un indice di ossessività alto, quando immagini e coscienza alterano la normale percezione del flusso dei pensieri, un altro fattore rilevante è la resistenza. La nostra posizione rispetto a quello che sta succedendo. É come dire che se al posto dei pensieri c'era una situazione che non tolleravamo allo stesso modo non tollereremo i pensieri. Quello che nel linguaggio comune viene chiamata rigidità. La scarsa tolleranza alla frustrazione spesso ci rende più resistenti a far parte di certe situazioni sociali, allo stesso modo questa resistenza la pagheremo dentro un indice di ossessività alto. Paradossalmente diventa terapeutico acquisire la capacità di tollerare situazioni evitate per uscire dall'ansia. Le immagini cosiddette intrusive e fastidiose acquisiscono potere proprio grazie alla nostra intolleranza. Dare meno peso a certe situazioni è l'atteggiamento vincente per sminuire il peso dei pensieri. Come scrivevo prima infatti davanti ad un flusso ansioso è proprio il fatto di non voler l'ansia che crea la patologia. La cura è andare incontro non evitare, è apprendere strategie non creare barriere.

Il sintomo è resistenza manifesta, è bisogno di creare spazi nuovi. L'evitare gli altri e quindi situazioni spesso è evitare parti di noi stessi. Avere paura di qualcosa è avere paura di noi stessi e l'altro che temiamo è un altro che abita anche dentro noi con cui dobbiamo imparare a stare bene. Spazio mentale è spazio reale e questo è anche il senso che volevo dare al libro "i fiumi di Jane".

L'ANSIA E L'ESASPERAZIONE DEI SINTOMI

Una delle caratteristiche principali dell'ansia è la paura soggettiva che prende forma a partire da una interpretazione catastrofica dei sintomi corporei.

Se si ha una vulnerabilità alta sudorazione, rigidità muscolare, tachicardia, formicolio, potrebbero essere letti come segni o conferme delle nostre paure più catastrofiche.

E' come se avessimo una tavola con un fumetto di cui dobbiamo decidere dialoghi e colori e avessimo in mente solo idee catastrofiche e colori accesi.

La lettura che facciamo dei sintomi parte sempre dalle nostre paure più profonde. Per esempio una persona che ha paura di essere pazza potrebbe leggere la rigidità muscolare come una presenza o una allucinazione e qualcuno che crede di essere malato può leggere la tachicardia come un infarto, e così via sintomi simili vengono visti in maniera soggettiva ma con la costante della catastrofe imminente.

L'ANSIA E LA PROPRIA STORIA DI VITA

Uno dei segnali più importanti del fatto che stiamo rielaborando ciò che abbiamo represso è proprio il provare angoscia rievocando immagini della nostra storia di vita. Immagini che ci ricordano come noi "passavamo sopra" e "facevamo le cose lo stesso" quando in realtà c'erano tutti i motivi per essere angosciati. L'angoscia di allora la riviviamo adesso e questo rivivere l'angoscia per quanto possa essere considerato come una ricaduta forte nel processo di guarigione è in realtà il segnale di uscita dall'ansia. Un bambino non può elaborare come un adulto emozioni fortissime quali il vissuto dell'abbandono o l'abuso. Se l'ansia si presenta da adulti sta semplicemente dandoci il messaggio di riprenderci la nostra parte autentica messa da parte come strategia "magica" per non essere abbandonati o abusati. Rivivere angosce del passato è il primo passo per ricontattare la nostra vera identità.

La vulnerabilità spesso però ci porta a proteggerci da tale angoscia. Inquadrare bene fatti ed eventi ci rende più sicuri. Se l'ansia si presenta oggi è perchè abbiamo bisogno di quella parte repressa, se il cervello ci rimanda l'angoscia repressa ha valutato che possiamo gestirla. La fiducia nella natura è uno degli elementi svalutati dall'ansioso. E' come se si volesse controllare anche la natura e non ci si potesse fidare di nessuno. Classico è sentire dire da chi soffre d'ansia che vorrebbe scappare persino da se stesso. Quando si scappa da se stessi si scappa da qualcosa che temiamo di esprimere che è la parte che ci ha fatto soffrire in passato e che abbiamo deciso di cancellare ritenendola responsabile della nostra sofferenza.

Chi ha fantasticato da piccolo di poter essere abbandonato o non voluto potrà diventare da grande estremamente disponibile e prendersi carico dei problemi degli altri, salvo poi sentirsi non capito e ulteriormente abbandonato, nutrendo inconsapevolmente un sistema di insicurezza e sfiducia in se stesso. Sicuramente in un momento di eccesso di stress queste persone ricontatteranno la vulnerabilità, il passaggio attraverso l'ansia gli donerà la possibilità di poter vivere serenamente e senza colpe i rapporti con gli altri in una situazione paritaria. Solo recuperando la fiducia in sè si può abbassare il livello di vulnerabilità e questo passaggio avviene a partire dall'integrazione di quelle emozioni o di quei comportamenti repressi per non essere abbandonati o non voluti bene.

Meritiamo di essere amati senza condizionamenti, se qualcuno ci ricatta lo fa perchè vuole controllarci!

Sta a noi decidere quanto tempo passarci insieme. Nei bambini piccoli invece il ricatto può essere vissuto come una realtà a tutti gli effetti, per esempio se la mamma dice al piccolo figlio che se non mangia non lo vuole più il bambino potrebbe pensare: "devo mangiare altrimenti la mamma mi abbandona"... trasformato in "la mamma mi avrebbe abbandonato perchè non mangiavo, figurarsi se la faccio arrabbiare o faccio disastri, ecc ecc... ", in una spirale di ansie che il cervello impacchetterà e ci restituirà da adulti. Anche i bambini vivono l'ansia ma spesso non hanno la capacità di contenersi per cui tanti pensieri vengono repressi dal nostro cervello per uno spirito di autoconservazione che è lo stesso principio per cui bisognerebbe fidarsi della natura del nostro corpo. Molti adulti somatizzano perchè non sono pronti a reggere il carico di angoscia e allora la natura gli può rimandare angoscie attraverso difficoltà digestive o emicrania. L'ansia è un'inquetudine indefinita, un senso di apprensione e pericolo! Una conferma dell'impossibilità di guarire. E' disperazione, ossessione, fragilità ma anche mancanza di equilibrio, tachicardia, iperventilazione, sudorazione e annebbiamento della vista.

Rigidità muscolare e paura di...uccidere, sbagliare, morire, ammalarsi e di non farcela. E' un disastro annunciato ma anche un'avventura introspettiva incredibile, una possibilità di poter comprendere gli altri e se stessi, l'unica strada verso la libertà dai condizionamenti e dalle maschere che spesso in maniera inconsapevole abbiamo indossato per anni. E' una liberazione a caro prezzo, una possibilità incredibile di diventare se stessi!

La guarigione passa proprio attraverso tutto questo.

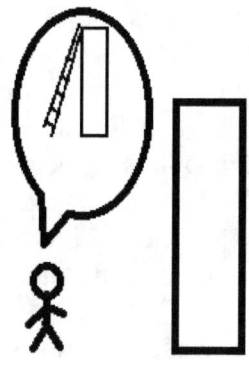

Schema della mancanza

LO SCHEMA DELLA MANCANZA

La persona è vulnerabile di fronte a un muro che sembra invalicabile, ci si può sentire violenti e disperati quindi il pensiero (l'ossessione) cerca di trovare soluzioni anche magiche, simboliche, potrebbe incontrare streghe, morti. La soluzione "scala" avviene a partire da un cambiamento di noi stessi che ha come effetto una sicurezza sulla nostra capacità di farcela a partire dal riconoscere quella parte di noi che è convinta del contrario. Sembra che l'ansia sia un confronto con qualcosa di enorme che inevitabilmente incontra un vissuto analogo. Una persona che è convinta di non essere abbastanza importante e degna di amore può cercare di soppiantare questo pensiero riempiendo la propria vita di oggetti (lavoro, amici, impegni, interessi, corsi), questo riempire è efficace fino a quando non si risperimenta l'impossibilità di farcela.

La soluzione potrebbe essere quella di riconoscersi il diritto di essere amato e amabile liberando parti di sè barattate con l'amore. Succede spesso infatti che il compromesso per essere amati da piccoli sia proprio piacere, rinunciando a desideri e spontaneità che spesso sono veri e propri talenti repressi.

La mente è un tuono

La mente è un tuono
dal rimbombo spaventoso
con echi di immagini
che trafiggono nude pareti
di fragilità.
Dopo la tempesta
non resta nulla
di un campo di fiori
baciati dal sole,
quando si è appesi
ad ancore di paura...
Quando si è sospesi
tra la terra che crepa
e un gabbiano che vola...

VISSUTO DI
ABBANDONO/SEPARAZIONE

Chi soffre d'ansia può sperimentare la paura di rimanere da solo, un'angoscia che sembra somigliare a quella che esprimono i bambini quando la mamma li lascia in braccio a un estraneo o nella culla piangenti.

L'angoscia abbandonica, una sorta di disperazione associata a una paura incontenibile. Un gradiente di vulnerabilità altissimo pur senza ossessioni ci rende bambini in fasce, esseri simbiotici che non bastano a loro stessi per la sopravvivenza.

Sembra esserci una sfiducia in se stessi crescente che conferma l'incapacità a gestirsi o a gestire l'angoscia a seconda di come la si voglia vedere.

ANALISI DELLE ORIGINI

Dato che la vita è di per sè una collezione di eventi che mettono in gioco la nostra capacità di tolleranza alla frustrazione bisogna che nell'ansia si recuperi il filo conduttore degli eventi traumatici. Per riportare l'ossessione alla sua condizione di emozione bisogna che si faccia un lavoro a ritroso e cioè bisogna capire come questa emozione, così tenuta a bada, davanti all'evento stressante sia diventata ossessione. In poche parole bisogna capire le cause di questa emozione, capirne anche il contesto e la sua funzione. Spesso si ha rabbia che viene repressa per non sentirla, si compiace e si cerca di piacere a tutti, l'evento stressante alza la nostra vulnerabilità e l'ossessione mette in scena la rabbia. La rabbia non c'entra nulla con l'ansia ma se vogliamo migliorare la nostra condizione c'è bisogno di guardare anche perchè c'è. Trovarne le origini ci orienta verso un cambiamento della nostra intera personalità. Quindi per riassumere le paure di impazzire, di sbagliare, di morire, ecc ecc, sono legate alla vulnerabilità, le fantasie ossessive sono legate alle emozioni che reprimevavamo prima dell'evento traumatico.

Il cambiamento lo si avverte quando ci si accorge che situazioni che prima erano normali adesso ci diventano strette perchè stiamo recuperando il nostro diritto ad esserci sempre.

La persona che non esprimeva la rabbia quando riceveva soprusi da alcune figure, per esempio i genitori, comincerà a sentire il fastidio ed il diritto di difendersi.

L'AUTOSTIMA E LA TEORIA DI SE STESSI

La vulnerabilità è una condizione sgradevole e angosciante, per usare una metafora è come essere una lumaca su un marciapiede affollato o paradossalmente un passante che può schiacciare qualcuno senza accorgersene.

Ovviamente la metafora rappresenta il vissuto psicologico e non quello che in realtà si andrà a fare. Un vissuto talmente spaventoso che genera spesso paura di riviverlo, cioè che diventa esso stesso un problema. La vulnerabilità paradossalmente potrebbe nutrirsi di conferme di fragilità. Per curare l'autostima bisogna innaffiare il germoglio che abbiamo dentro, bisogna in qualche modo crescere a partire dalla nostra autenticità. Il bisogno più estremo di un bambino piccolo è quello di avere l'adulto alleato proprio perchè l'adulto così grande e grosso può essere buono ma anche cattivo e minaccioso. Il bambino si adatterà alle richieste anche a costo di rinunciare a essere se stesso. E' comune, e purtroppo funziona molto bene, ricattare i propri figli per renderli più ubbidienti. Un ricatto potrebbe essere per esempio: "se fai così fai piangere la mamma... se piangi non ti voglio più, ecc ecc..." . La mia descrizione dell'infanzia è solo un tentativo di rievocare nel lettore tutte le immagini che hanno a che fare con questo schema nell'adultità. Essere fragili significa anche essere manipolabili e sentirsi in colpa. Ciò giustifica gli abusi spesso accettati all'interno di una coppia o in un contesto lavorativo come una sorta di convinzione di meritarsi tutto ciò. La rotta la si cambia a partire da un disagio, una sorte di morte (molto comune come tema negli esordi dell'ansia attraverso il sogno o il pensiero simbolico) della vita vecchia per una nuova. La rinascita ci riporta allo schema della vulnerabilità e qui, riprendendo il discorso del germoglio che facevo prima, tocca alla

nostra parte razionale prendercene cura.
La cura è relazione e realizzazione e
cioè entrare a contatto con le cose che ci
fanno stare meglio anche se
presumiamo di non esserne in grado.
E' un rivoluzionare le nostre
convinzioni su noi stessi, un riscoprire
la nostra etica.

INDICE

__ANNOTAZIONI__
(ANSIA)

_____
_____
_____
_____
_____
_____
_____
_____
_____
_____
_____
_____
_____
_____
_____
_____
_____
_____
_____
_____
_____
_____
_____
_____
_____
_____